Jetzt fängt das schöne Frühjahr an
und alles fängt zu blühen an,
auf grüner Heid und überall.

Es blühen Blümlein auf dem Feld,
sie blühen weiß, blau, rot und gelb;
es gibt nichts Schönres auf der Welt.

(Volksweise)

Mit diesem alten Kinderreim können wir jedes Jahr wieder den Frühling begrüßen. Wir freuen uns mit den Kindern, wenn sie in der wärmer werdenden Frühlingssonne endlich auf den Spielplatz und in den Garten hinauslaufen können.
Vielleicht entdecken die Kinder die schönen alten Spiele mit Murmeln, mit dem Seil und dem Ball. Abzählreime, Hüpfspiele, Bockspringen und Sackhüpfen werden wieder lebendig.
Schlagen Sie dieses fröhliche, kunterbunte Frühlingsbuch auf. Sie werden viele neue und alte Spiel- und Bastelideen, Bilder und Geschichten für die Frühlings- und Osterzeit finden.

Barbara Cratzius

Die Deutsche Bibliothek – CIP-Einheitsaufnahme

Eierspaß & Hasenfest : Spiel und Spaß für die Frühlingszeit / Barbara Cratzius ; Sigrid Gregor. - München : Ars-Ed., 1998
ISBN 3-7607-5519-4

Nach den Regeln der neuen Rechtschreibung

Text: Barbara Cratzius
Titelbild und Innenillustrationen: Sigrid Gregor
Design des Eierwärmers: Sigrid Gregor
Manufactured in China
Redaktion: Sibylle Lehmann
Ausstattung und Herstellung: arsEdition, München
Printed in Italy · ISBN 3-7607-5519-4

Barbara Cratzius · Sigrid Gregor

Eierspaß & Hasenfest

Spiel und Spaß für die Frühlingszeit

arsEdition

Inhalt

Wir entdecken den Frühling

»Guck mal, da hängt ein langes dunkles Ding hinter der Hecke. Wie ein Stück Holz sieht das aus!«, ruft Dennis und will das »Holzstückchen« vom Zweig abreißen. »Lass das hängen«, sagt Tanja schnell, »da ist ein Schmetterling drin versteckt.«
»Spinnst du?«, entgegnet Dennis und dreht sich fragend zum Vater um.
»Doch«, sagt der Vater, »Tanja hat Recht. Wenn wir Glück haben, können wir eines Tages einen wunderschönen zarten Schmetterling da rauskriechen sehen. Ich hab das selbst einmal beobachtet.«
»Toll, was es im Frühling alles zu sehen gibt«, meint Dennis nachdenklich.
»Löwenzahnblätter, die man essen kann. Brennnesselblätter, die man zu Spinat kochen kann«, ruft Tanja. »Die hübschen zarten Weidenkätzchen und die Radieschen im Garten und den Rhabarber!«
»Und die Stare, Schwalben und Störche«, sagt Dennis.

Nun können die beiden gar nicht mehr aufhören. Ihnen fallen immer mehr Pflanzen und Tiere ein, die es im Frühling zu bewundern gibt. Es macht ihnen richtig Spaß auf »Entdeckungsreise« zu gehen.
»Da sind ja kleine Löcher im Schnee, hier unter dem Kirschbaum!«, ruft Dennis. »Da haben im letzten Jahr ganz viele Schneeglöckchen geblüht.« Tanja befühlt vorsichtig die dicken Knospen der Forsythiensträucher am Gartenzaun. »Wir schneiden uns ein paar Zweige ab und nehmen sie mit ins Zimmer«, sagt die Mutter. »Die Sträucher müssen sowieso ausgeschnitten werden. Dann wachsen sie im nächsten Jahr umso dichter. Und im warmen Zimmer treiben bald die Blütenknospen aus.«
»Oh ja!«, ruft Tanja. »Mami, dann können wir viele Frühlingsblumen und Küken und Eier und Hasen basteln. Die hängen wir an die kahlen Zweige, bis die Blüten aufgeblüht sind. So haben wir einen schönen Schmuck für Ostern.«

Wenn nach den eisigen Wintermonaten die Natur langsam aufwacht, bietet sie uns eine Fülle von Eindrücken, denen wir mit den Kindern nachspüren können. Gemeinsam können wir die kleinen, manchmal fast unscheinbaren Frühlingsboten entdecken, die die Frühlingssonne uns schenkt. Warm angezogen machen wir uns mit den Kindern zu einem Frühlingsspaziergang auf, vielleicht schon im Februar.

Mit allen Sinnen können die Kinder das Erwachen der Natur aufnehmen. Der Wald- und Wiesenboden duftet, wenn der Schnee weggetaut ist. Die Vögel fangen an zu zwitschern und stecken mit ihrem Gesang ihr Revier ab. Und vielleicht vernehmen wir schon bald das Summen der ersten Bienen und Hummeln.
Auf den nächsten Seiten finden sich vielseitige Anregungen, wie wir diese schöne Jahreszeit mit allen Sinnen erleben können. Dazu gibt es eine Fülle von Mitmach-Ideen, die sich um Frühling und Ostern drehen.

Zauberspruch im Frühling

Reimspiel

Ein Zauberer geht übers Land,
er hat die Flöte in der ... Hand
und spielt ganz sanft und leise
die zarte Frühlings... weise.

Am Waldrand hört's der braune Has
und reckt empor die kleine ... Nas.
Ist gestern erst geboren
und spitzt schon seine ... Ohren.

Im tiefen Loch, da hört's die Maus
und trippelt auf das Feld ... hinaus.
Es zuckt ihr schon ihr Schwänzchen,
auf, auf zum Frühlings... tänzchen.

Der Maulwurf, der hat's auch gehört,
fühlt sich im Winterschlaf ... gestört.
Doch ruft er: »Ich muss graben,
will frische Würmer ... haben.«

INGSZEIT

Der Falter in dem dunklen Haus
streckt seine zarten Fühler ... raus
aus seiner Puppenwiege.
»Komm, kleiner Falter, ... fliege!«

So spielt der Zauberer sein Lied.
Ihr Kinder – auf – so spielt doch ... mit!
Kommt her! In Busch und Hecken
gibt's so viel zu ent... decken.

Schon blüht der erste Löwenzahn.
Was fangen wir im Frühling ... an?
Wir toben, tanzen, springen,
wir lachen, sausen, ... singen.

Macht mit, wenn euch das gefällt.
Schön ist die bunte Frühlings... welt.

Bunte Frühlingsblüten

Bastelarbeit

Das wird gebraucht:
jeweils 10 herausgetrennte Eierbecher aus Eierkartons, Bierdeckel oder Scheiben aus fester Pappe, grünes Tonpapier, Holzstäbe, Deck- oder Tuschfarben, Pinsel, Klebstoff, Bleistift, Schere, Faden, Schaschlikstäbe, Tontöpfe (mit Sand oder Erde befüllt)

So wird's gemacht:
1. Die Kinder bemalen nach eigener Vorstellung die herausgetrennten Eierbecher.

2. Dann bekleben oder bemalen sie einen Bierdeckel oder schneiden vorgezeichnete Kreise aus Pappe aus.

3. Danach zeichnen sie Blumenstängel mit Blättern auf das grüne Tonpapier und schneiden sie aus.

4. Nun werden die einzelnen Teile zusammengeklebt. Die Eierbecher kommen auf die Pappkreise (immer 5 auf eine Seite), an einer Seite wird auch der Blumenstängel befestigt.

5. Die Frühlingsblumen können frei im Raum mit einem Faden aufgehängt oder als Tischschmuck benutzt werden.

6. Klebt man die Pappdeckel-Blüten auf Schaschlikspieße, können sie auch in mit Sand oder Erde befüllte, selbst bemalte Tontöpfe gesteckt werden.

Idee: Kindergarten Mönkeberg

Katzen, die nicht kratzen

Rätsel

Kennst du auch die kleinen Katzen,
haben keine spitzen Tatzen
und sie können auch nicht kratzen.
Schnurren, mauzen auch nicht fein.
Doch laden sie die Bienen ein
im ersten Frühlingssonnenschein.

(Weidenkätzchen)

Silbersternchen auf der grünen Wiese

Rätsel

Auf der Wiese kann ich's sehn,
so viele kleine Sonnen stehn.
Doch bald ist vorbei die goldne Pracht,
Silbersternchen schweben sacht.
Wer hat die Wiese so weiß gemacht?

(Löwenzahn)

Knuspriger Frühlingssalat

Rezept für kleine Hasen-Leckermäuler

Was man für 4-6 Personen braucht:

300 g Salatblätter (Schnittsalat oder Feldsalat oder zarte Löwenzahnblätter)
400 g frische Champignons
Saft von 2 Zitronen
6 Eier
5 EL Nussöl
1/2 TL Senf
5 EL Sahne
5 EL Jogurt
Salz
Pfeffer
3 EL in Butter geröstete, gehackte Haselnüsse
3 EL in Butter geröstete, gehackte Mandeln
3 EL in Butter geröstete Sonnenblumenkerne
3 EL in Butter geröstete Kürbiskerne

So wird's gemacht:

1. Den Salat verlesen und gründlich waschen. Die Pilze feinblättrig schneiden und mit etwas Zitronensaft beträufeln.

2. Die Eier hart kochen, pellen und in Scheiben schneiden.

3. Aus Öl, Senf, Sahne, Jogurt, Salz, Pfeffer und dem restlichen Zitronensaft eine Marinade anrühren.

4. Salat und Pilze auf den Tellern anrichten, Eischeiben darauf verteilen und die Marinade darüber geben. Am Schluss die gerösteten Nüsse und Kerne über den Salat streuen.

Im warmen weichen Weizennest

Reimspiel

Im warmen weichen Weizennest,
da schläft der Hamstervater ... fest.
Auf einmal geht es tropf, tropf, tropf
ganz sacht auf seinen braunen ... Kopf.

Da ist der Hamster aufgewacht.
Ist nun vorbei die Winter... nacht?
Da grab ich aus dem Winterhaus
mich in die Sonne schnell ... hinaus.

Die Ackerfurchen warten schon
und horch, der erste Lerchen... ton.
Hurra – hurra – hurra!
Der Frühling ist nun ... da!

Da fliegt ein großer bunter Falter

Bastelarbeit

Das wird gebraucht:
festes weißes Papier oder dünne Pappe (ca. 23 x 30 cm), 1 Klopapierrolle, Pinsel, Cromar- oder Wasserfarben, Bleistift, Schere, Tacker, Woll- oder Nylonfaden

So wird's gemacht:

1. Das feste Papier 1 x falten und die Hälfte eines Schmetterlings auf das gefaltete Papier zeichnen und ausschneiden.

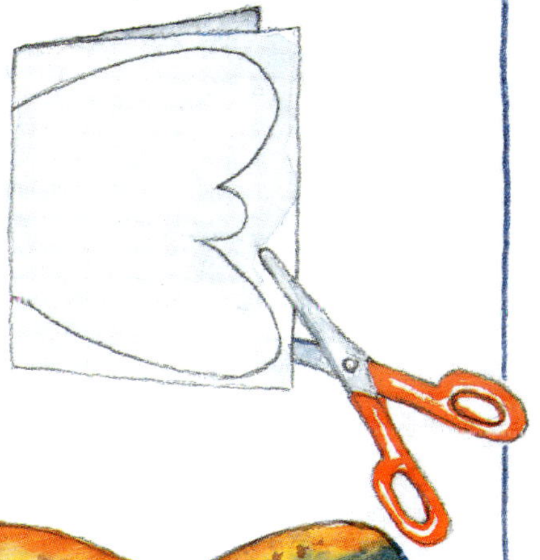

2. Eine Seite des Schmetterlings mit Cromarfarben bestreichen. Das Papier wieder zusammenfalten, fest andrücken und die Farben dazwischen verreiben. Nun das Papier wieder auseinander falten und trocknen lassen.

3. Die Klopapierrolle bunt bemalen und entlang des Falzes am Schmetterling festtackern.

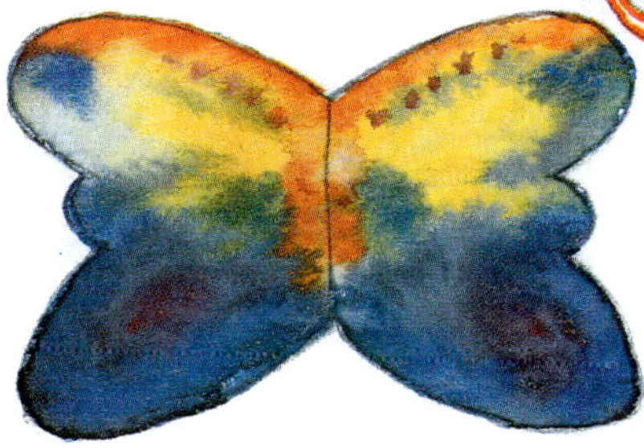

4. Am Schluss wird ein Faden durch die Rolle gezogen und verknotet. Den Schmetterling kann man nun »fliegen lassen«: Durch Auf- und Abbewegungen schlägt er mit den Flügeln.

Idee: Irmina Madl,
Kath. Kindergarten Pfarrkirchen

Was träumt die Maus im März?

Reimspiel

Tief unter dem Schnee, wer schläft da fest?
Die kleine Maus in ihrem ... Nest.

Sie träumt von Frühlingssonnenstrahlen,
die Muster in das Kornfeld ... malen,
von Weizenkörnern, rund und dick,
von Bucheckern, oh Mäuse... glück.

Schlaf noch ein Weilchen, kleine Maus,
bald lockt die Sonne dich ... heraus.

Piep, piep, piep.

Was im Frühling alles passieren kann

Spaßgedicht

Der Has, der hoppelt heut durchs Gras
und zeigt dem Fuchs 'ne lange Nas.

Der Schmetterling, der macht Theater,
er mauzt ganz laut wie unser Kater.

Der Maulwurf aus dem großen Loch,
der wirft zum Spaß Kastanien hoch.

Der Heuhüpfer, der krächzt ganz laut,
hat auf dem Baum ein Nest gebaut.

Die Lerche wie ein Hund heut bellt,
der Star hat sich dazugesellt.

Die Schnecke saust aus ihrem Haus
und trippelt zierlich wie 'ne Maus.

Der Storch schreit »Kuckuck« auf dem Dach,
die Storchenkinder machen's nach.

Dann setzt er langsam auf die Brill,
ihr lacht   ja, ja, ich bin schon still.

Das alles gibt's nur – am 1. April!

Küken Karolin

Bastelarbeit

Das wird gebraucht:
gelbes und weißes Tonpapier, fester Pappkarton, Klebstoff, Schere, Wachsstifte, Bleistift

So wird's gemacht:

1. Aus dem gelben Tonpapier schneidet man ein Rechteck (ca. 11 x 14 cm) aus und faltet es.

2. Die Hälfte eines Kükens wird auf das gefaltete Papier gezeichnet und ausgeschnitten.

3. Am Kopf schneidet man eine waagerechte Linie ca. 2,5 cm für den Schnabel ein.

4. Das Küken wird auseinander gefaltet. Ober- wie unterhalb der Schnittlinie zeichnet man je ein Dreieck für den Schnabel, der rot ausgemalt wird.

5. Entlang der Dreiecke wird das Papier ebenfalls gefalzt. Klappt man nun die beiden Flügel des Kükens zusammen, öffnet es seinen Schnabel.

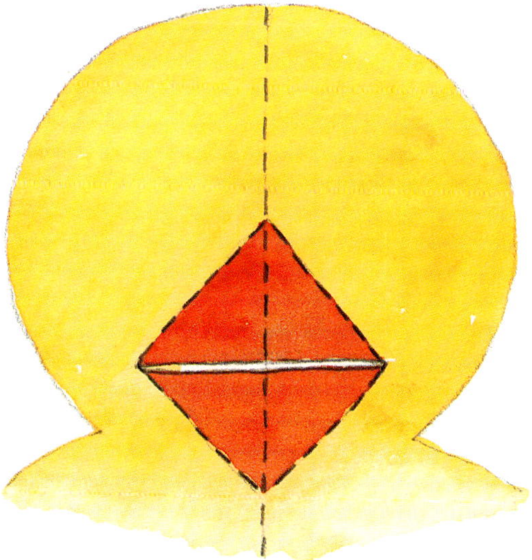

6. Der feste Pappkarton wird mit Wachsstiften bemalt (z.B. grüne Gräser mit Blumen) und 1 x zusammengefaltet. Entlang des Falzes werden das Küken und rechts und links davon die aus weißem Tonpapier geschnittenen Eierschalen aufgeklebt.

Idee: Christel Mehlig

Das schönste Frühlingsnest

Geschichte

Noch ist die Sonne nicht über den Tannen am Waldrand aufgegangen. Die Eule, die auf dem obersten Ast sitzt, hat schon ganz schläfrige Augen. Aber trotzdem muss sie schon wieder mächtig angeben. »Ich kann lautlos durch die Zweige huschen«, ruft sie. »Fünf Mäuse hab ich heut Nacht schon erwischt!«
»Und ich kann ganz früh mein schönstes Frühlingslied für meine Spatzenfrau singen«, tschilpt der Spatz. »Singen nennst du das?«, piepst der Buchfink. »Hört euch doch mal mein Lied an. Das gefällt meiner Vogelfrau!« Und schon schmettert er sein schönstes Frühlingslied in den hellen Morgen hinein.
»Ich hab hoch oben in der Buche mein Nest gebaut«, schnarrt die Elster. »Mit vielen kleinen Ästen und Zweigen.«
»Das soll ein Nest sein?«, ruft die Amsel. »Der Wind hat es hin- und hergezaust. Ganz wild und unordentlich sieht das aus. Da würde sich meine Vogelfrau nie hineinsetzen! Schaut euch doch mein Nest an. Tief in den stacheligen Zweigen vom Feuerdorn hab ich es versteckt. Weich und kuschelig ist das. Keine Katze wird sich da hoch trauen.«
»Und unsere Nester erst«, piepsen Meise und Star. »Die weichsten Federchen haben wir uns dafür ausgerupft.«

Hoch auf dem Scheunendach klappert der Storch. »Mein Nest ist das allergrößte«, gibt er an. »Und meine Jungen können weit über die Wiesen und Felder schauen.«

»Dann werden sie wohl auch meine Nester finden und die sind die allerschönsten«, ruft auf einmal das kleine Hasenkind und kommt ganz munter angehoppelt. »Aber ich werde sie ganz tief im Moos und Gras verstecken. Und viele Eier male ich an, lila und rot und blau mit goldenen Sonnen und bunten Frühlingsblumen.«

Die Tiere schauen erstaunt. Doch dann klappert der Storch: »Ich glaube, unser Hasenkind kann wirklich schöne Nester bauen. Vor allem hat er die tollsten Eier.« »Genau!«, rufen die Vögel. »Und dafür singen wir ihm ein Frühlingslied vor.« Da macht das kleine Hasenkind Männchen und schaut ganz stolz in die Runde. Wer hätte das gedacht, dass ein kleiner Hase so etwas schafft.

Bunte Frühlingsfiguren

Bastelarbeit

Das wird gebraucht:
Filzreste in verschiedenen Farben, Pergamentpapier, Karton, Watte, Klebstoff, Bleistift, Kugelschreiber, Schere, Nadel, Nähgarn, Bürolocher

So wird's gemacht:
1. Zuerst werden Frühlingsfiguren auf Karton gezeichnet und ausgeschnitten. Dafür können z.B. auch die Schablonen auf den Seiten 24-27 auf Pergamentpapier abgepaust und auf Karton übertragen werden.

2. Nun die Pappschablonen auf den Filz legen, mit Kugelschreiber umranden und ausschneiden. Jede Figur wird ohne Nahtzugabe zweimal ausgeschnitten.

3. Mit einem Locher können aus dunklem Filz Augenpunkte ausgestanzt werden.

4. Jeweils beide Körperhälften einer Frühlingsfigur aufeinander legen und mit kleinem Knopflochstich zusammennähen. Dabei einzelne Teile, z.B. Hasenohren, Kamm und Schwanzfedern des Hahnes usw., zwischen die Körperteile legen, ankleben und mit festnähen.

5. Bevor man den Bauch der Figur schließt, wird sie mit Watte ausgestopft.

6. Einzelteile wie Augen, Schnabel, Flügel, beim Hasen Bart, Nase usw. werden festgeklebt. Zum Schluss befestigt man einen Faden am Kopf und hängt die Figur auf.

Wer einen Schmuck-Eierwärmer, wie er an diesem Buch hängt, basteln möchte, schließt den Bauch der Frühlingsfigur nicht, damit sie über ein Hühnerei gestülpt werden kann.

Hahn, Huhn, Hase und vieles mehr

Wer will, kann die abgebildeten Schablonen für einige Bastelarbeiten benutzen, z. B. für »Bunte Frühlingsfiguren« (Seite 22), »Wenn die Hasen und Schmetterlinge tanzen« (Seite 32) und »Eine grüne Osterwiese« (Seite 52). Sie können entsprechend vergrößert oder verkleinert werden.

Wie die Hasen lange Ohren bekommen haben

Geschichte

Pummelchen, der kleinste Hasenjunge, konnte es nicht abwarten. Schon vor Sonnenaufgang hoppelte er an den Bachrand, wo die weißen Eier gestapelt waren, die bunt angemalt werden sollten. Und die vielen bunten Farben ...
Am liebsten hätte er gleich losgelegt.
»Ich kann's ja mal mit der weißen Farbe versuchen«, dachte er. »Da kann ja nichts schief gehen. Auf den weißen Eierschalen merkt es ja keiner. Aber die Pinsel fass ich lieber nicht an. Die krieg ich nachher nicht wieder sauber.«

Vorsichtig tauchte er die rechte Pfote in die weiße Farbe hinein.
In diesem Moment stach ihn eine freche kleine Biene in sein braunes Hinterteil.
»Au, das ist gemein!«, schrie Pummelchen und langte mit der Pfote nach hinten.
Schwupp – schon hatte er einen weißen Klecks hinten am Po.
»Ich lach mich tot!«, keckerte der Eichelhäher oben auf der Weide. »Pummelchen will wohl ein Schneehase werden.«
Bald wusste es der ganze Wald. »Und die Ohren hat er sich himmelblau angemalt«,

schnarrte die Elster. »Und vorn an der Brust hat er einen großen roten Fleck«, trillerte der Dompfaff. »Pummelchen will genauso schön sein wie ich.«
»Die Pfoten hat er sich lila und türkis angemalt, wie ein Regenbogen im Mai«, piepsten die Meisen.
So dachte sich jeder Vogel noch mehr aus. Schließlich klapperte der Storch: »Fehlt nur noch, dass er sich einen langen gelben Schnabel aufmalt und anfängt laut zu klappern!«
»Wo ist der Teufelsbraten«, fragte listig der Fuchs. »Den will ich mir schnappen. So bunt wie er ist, kann er sich nicht mehr vor mir verstecken!«
Aber Pummelchen saß bereits sehr zerknirscht in der Hasenhöhle und rührte sich nicht. Sein Hasenopa hatte längst alles erfahren und ihm die Ohren lang gezogen.
Und so ist es gekommen, dass bis auf den heutigen Tag die kleinen Hasen lange Ohren und einen kleinen weißen Schwanz, auch Blume genannt, tragen.

Spaß mit Ostereiern

Bastelarbeiten

Für das Ostereier-Essen wird gebraucht:
8 hart gekochte Hühnereier pro Farbe

So werden Eier gefärbt:
Die Hühnereier können mit gekauften Farben oder mit selbst hergestellten Naturfarben gefärbt werden.

Naturfarben:
Gelbe Färbung mit Safran oder Kümmel

Rosa, rote, lila Farbtöne mit Rote-Beete-Saft, Rotkohl oder Rotholz

Braune Färbung mit Zwiebelschalen, schwarzem Tee

Grüne Färbung mit Brennnesseltrieben, Spinat

Naturfarben können auch in der Apotheke gekauft werden. Hier die jeweilige Gebrauchsanweisung beachten. Ansonsten für den Farbsud die oben angegebenen Naturmaterialien eine halbe Stunde lang in 2 l Wasser kochen und durchziehen lassen. Dann die hart gekochten Eier hineinlegen. Ein Schuss Essig lässt die Naturfarben stärker leuchten.
Je länger die Eier im Sud liegen, desto intensiver wird der Farbton. Nach dem Trocknen die Eier mit einer Speckschwarte abreiben, das ergibt einen schönen matten Glanz.

Verzierung mit Pflanzenteilen:
Vor dem Färben können kleine Blättchen mit etwas Eiweiß auf die Eier geklebt, mit einem Nylonstrumpf umwickelt und oben und unten abgebunden werden. Nach dem Färben das Ei erst trocknen lassen, bevor der Strumpf entfernt wird.

Weiße Hühnereier können natürlich auch mit Bunt- oder Filzstiften angemalt werden.

Für die Ostereier-Dekoration wird gebraucht:
ausgeblasene Hühnereier (Vorsicht, sehr empfindlich!) oder Eier aus Pappe, Holz, Styropor oder Plastik aus dem Bastelgeschäft

Ostereier anmalen:
Für den Osterschmuck können Eier aus den oben genannten Materialien mit Fingerfarben, Bunt-, Filz- oder Lackmalstiften bunt bemalt werden.

Für eine Ostergirlande wird gebraucht:
8-12 verzierte Eier aus Pappe, Holz, Styropor oder Plastik, große bunte Perlen, Tonpapier in verschiedenen Farben, Schere, Angelsehne

So wird's gemacht:
Auf einem langen Stück Angelsehne werden die gebastelten Ostereier so aufgefädelt, dass dazwischen immer eine Blume aus Tonpapier (Formen siehe Seiten 24-27) und eine Perle zu sehen sind. Wenn die Ostergirlande im Freien hängt, sollten dafür unbedingt unzerbrechliche Holz- oder Styroporeier, aber keine Basteleien aus Pappe verwendet werden.

Wenn die Hasen und Schmetterlinge tanzen

Eine Bastelarbeit in mehreren Variationen

Das wird gebraucht:
Tonpapier in verschiedenen Farben, Regenbogen-Pergamentpapier, Geschenkband oder Nylonfäden, Filzstifte, Glitzerklebestifte, Klebstoff, Schere, Bleistift, Bürolocher, Nähmaschine

So wird's gemacht:
Vorab werden große Eiformen aus dem Tonpapier ausgeschnitten. Diese Formen können nun verschieden weiterverarbeitet werden.

1. Die Schmuckfiguren werden von den Vorlagen (Seiten 24-27) abgepaust und auf Tonpapier übertragen. Natürlich können die Figuren auch frei Hand gestaltet werden.

2. Die Figuren aus dem Tonpapier schneiden, auf die Eiform kleben und Einzelteile mit Filzstiften aufmalen.
Bei dem Schmetterling kann der Körper mit Flügeln ein zweites Mal ausgeschnitten und längs gefaltet werden. Entlang des Falzes die Flügel mit der Nähmaschine auf den Schmetterling steppen. Die Flügel können nun hochgeklappt werden.

3. Die Eiformen können auch einfach mit Glitzerklebstoff fantasievoll gestaltet werden.

4. Aus den Eiformen kann man ebenso schöne Fensterbilder basteln. Die aus den Eiern ausgeschnittenen Muster (als Vorlage können hier wieder die Schablonen auf den Seiten 24-27 dienen) werden mit Regenbogen-Pergamentpapier hinterklebt.

Zum Schluss stanzt man in die unterschiedlich gestalteten Eier Löcher mit dem Bürolocher und zieht einen Faden oder ein Geschenkband durch. Der Osterschmuck kann nun an der Wand, im Fenster oder am Osterstrauß aufgehängt werden.

Idee: Ulrike Boels

Ballspiel mit den Hasenkindern

Hasen-Spiel

Ein Kind ist der Oberhase und steht mit einem Ball in der Kreismitte. Die anderen Kinder sind die kleinen Hasen und haben Hasennamen: Hopsi, Mümmelmann, Topsi, Mümmelfrau, Springinsfeld, Weißschwänzchen, Langohr, Braunfell, Fips, Fops, Schnuppernase ...

Es müssen mindestens zwei bis drei Hasenkinder den gleichen Namen tragen. Der Oberhase wirft den Ball in die Höhe und ruft einen der Hasennamen auf. Die aufgerufenen Hasenkinder versuchen den Ball zu fangen. Das Hasenkind, dem es gelingt, darf als Oberhase in die Mitte und das Spiel fortsetzen.

Kerngesunde Ostereier

Rezept für topfitte Osterhasen

Was man für ca. 40 Stück braucht:

100 g Haferflocken
50 g fein gemahlene Mandeln
50 g fein gemahlene Haselnüsse
50 g Kokosflocken
50 g Sesamkörner
4 EL Hagebuttenmarmelade
2 EL Honig
2 EL Kakao

Schale von $1/2$ ungespritzten Zitrone
Schale von $1/2$ ungespritzten Orange
Saft von einer Orange
Silberpapier (z.B. von Schokoladentafeln)
Geschenk- oder Seidenpapier
Geschenkband

So wird's gemacht:

1. Alle Zutaten gut vermengen, bei Bedarf etwas Orangensaft zugeben. Die Masse sollte gut formbar sein.

2. Nun werden Eier aus der Masse geformt und zwei bis drei Tage getrocknet.

3. Die Eier in das Silberpapier einwickeln und mit Geschenkpapier oder Seidenpapier umwickeln. Das Papier oben und unten mit Schleifen abbinden.

Das Osterhasen-Abc

Das Gedicht lässt sich auf die Melodie »Hopp, hopp, hopp, Pferdchen, lauf Galopp« singen.

A B C,
das Häschen sitzt im Klee.
Der Löwenzahn, der schmeckt so gut.
Oh lieber Has, sei auf der Hut!
A B C,
das Häschen sitzt im Klee.

D E F G,
die Ohren in die Höh.
Wer schleicht auf leisen Pfoten her?
Der Fuchs! Der Has erschrickt so sehr.
D E F G,
die Ohren in die Höh.

H I J K,
nun ratet, was geschah!
Es schlägt die Haken ganz geschwind,
das kann ein flinkes Hasenkind.
H I J K,
nun ratet, was geschah!

L M N O,
die Mutter Has ist froh.
Sie hat von ferne es gesehn,
dem Hoppelhas ist nichts geschehn.
L M N O,
die Mutter Has ist froh.

P und Q,
komm liebes Häschen, du.
Nun werden Eier angemalt,
wie schön bald jede Farbe strahlt.
P und Q,
komm, liebes Häschen, du.

R S T,
die Pfoten in die Höh.
Mit Pfoten malt es sich ganz toll
und bald sind alle Körbe voll.
R S T,
die Pfoten in die Höh.

U V W,
zu Ostern gibt's kein' Schnee.
Zu Ostern legt in Moos und Gras
die Eier unser Osterhas.
U V W,
zu Ostern gibt's kein' Schnee.

X Y Z,
ihr Häschen, seid so nett.
Vergesst auch bitte nicht mein Nest,
ich freu mich auf das Osterfest.
X Y Z,
ihr Häschen, seid so nett.

Modenschau der Osterhasen

Bastelarbeit für modebewusste Hasen

Das wird gebraucht:
dünne weiße Pappe, Schere, Filz- oder Buntstifte, Stoff-, Filz- und Spitzenreste, Schleifen, Pailletten, Klebstoff, oder: Geschenkpapierreste, Tortenspitze, Konfetti

So wird's gemacht:
1. Übertragt die beiden Hasenfiguren auf die dünne Pappe und schneidet sie aus. Das Gleiche macht ihr mit den Kleidungsstücken. Wer will, kann noch andere Anziehsachen entwerfen.

2. Die einzelnen Pappkleider können nun einfach mit Bunt- oder Filzstiften angemalt werden.

3. Ihr könnt aber auch die Pappkleider als Schablonen benutzen und aus Filz oder fröhlichen Stoffmustern die Kleider schneiden und auf die Schablonen kleben; geblümte oder karierte Stoffreste eignen sich gut dafür.

4. Die Kleidungsstücke können noch mit Spitzenresten, Schleifen, Pailletten usw. verziert werden.

Wenn ihr keinen Stoff zur Verfügung habt, könnt ihr aus bunten Geschenkpapieren auch wunderschöne Papierkleider schneiden, die mit Tortenspitzen und Konfetti geschmückt werden.
Ganz einfach geht es, wenn ihr die Seiten farbkopiert und die Teile ausschneidet.

Eure beiden Hasen können auch kleine Hasenkinder bekommen. Es sieht lustig aus, wenn eine ganz bunt angezogene Hasenfamilie zu Ostern vor eurem Fenster steht.

Idee: Holle Schauder

Das große Hasenfest

Bastelarbeit

Das wird gebraucht:
1 Rolle Klopapier, 1 alte Glühbirne, Tapetenkleister, Zeitungspapier, braune Dispersionsfarbe, Pappreste, einige steife Besenhaare, Zeichenpapier, Tortenspitze, Papier, Klebstoff

So wird's gemacht:

1. Aus dem Tapetenkleister und den Zeitungen wird Kleisterpapier hergestellt und die Glühbirne damit beklebt.
Die Glühbirne ist der Hasenkopf.

2. Aus dem Kleisterpapier kleine Kugeln für Augen, Backen und Nase formen und auf den Kopf drücken. Ohren aus Pappe zuschneiden und mit Kleisterpapier beziehen.

3. Alles trocknen lassen. Dafür den Kopf auf die quer halbierte und braun bemalte Klorolle setzen. Danach werden der Kopf und die Ohren braun bemalt.

4. Ohren, Augenbrauen aus Besenhaaren und die hervorstehenden Schneidezähne, die aus dem Zeichenpapier zugeschnitten werden, ankleben und alles gut trocknen lassen.

5. Die halbe Klorolle ist der Hasenkörper, der verziert werden kann. Der Hasenpapa kann eine weiße Krawatte tragen, die Hasenmama einen Kragen aus Tortenspitze. Die Krawatte kann auch bunt angemalt werden.

Idee: Holle Schauder

Und was rufen wir den schön geschmückten Hasen zu?

Kleine Häschen, springt empor.
Spitzt das lange braune Ohr.
Wisst ihr, dass wir auf euch warten?
Legt uns doch in unsern Garten
viele Eier in das Nest.
Hei - das gibt ein Hasenfest!

Ein »echter Osterhase«?

Geschichte

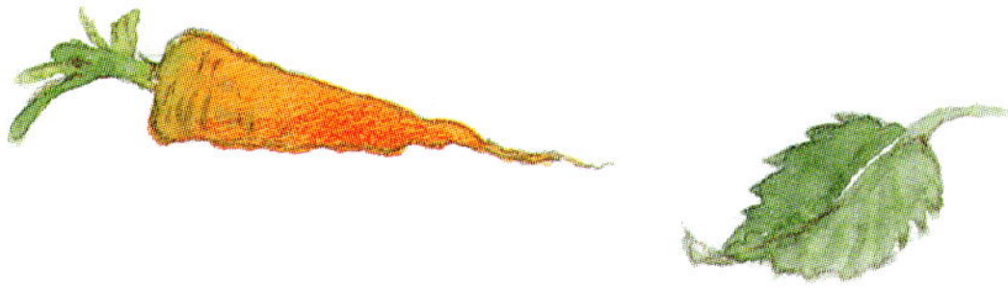

Florian und Lena sind mit Mutter auf den Wochenmarkt gegangen. »Das sieht ja schon richtig nach Ostern aus!«, ruft Lena.
Auf den Marktständen leuchten gelbe Osterglocken, Forsythienzweige, Tulpen und kleine Krokusse und Narzissen in Töpfen. »Mami, die pflanzen wir auf den Balkon«, sagt Lena. »Dann sieht das richtig wie ein kleiner Ostergarten aus. Wir helfen dir auch beim Einpflanzen.«
Die Mutter packt den Korb voll mit frischem Gemüse. Obendrauf legt sie die kleinen Blumentöpfe und den Strauß Osterglocken für die Omi.
»Kommt, Florian, Lena! Ich bin fertig«, ruft sie.
Aber die Kinder hocken vor den Kisten mit den kleinen Küken und Kaninchen. Lena hält dem Kaninchen eine Möhre durch den Maschendraht. »Mami, guck mal!«, ruft sie, »wie es daran knabbert. Zu niedlich ist das weiße Kaninchen.«
»Mami, ich hab einen einzigen großen Oster-Geburtstagswunsch. So ein süßes Osterkaninchen möchte ich haben. Weil ich doch einen Tag vor Ostern Geburtstag habe.«
Der Händler zwinkert Mutter freundlich zu. »Ist ganz pflegeleicht«, sagt er. »Wird auch schnell stubenrein.«
»Bei uns in der Stadtwohnung?«, fragt die Mutter zögernd. »Und wer macht den Stall sauber?«

»Weißt du, Mami«, sagt Florian, »wenn es wirklich bei uns nicht klappt, dann bringen wir es zu Opa und Oma aufs Land. Opa hat neulich erst gesagt, wie gern er als Kind seine Kaninchen gehabt hat. Und er hat jetzt ja noch vier Kaninchen im Stall. Da hat er bestimmt nichts dagegen, wenn wir ihm unseres auch noch bringen.«
»Aber erst mal bleibt es bei uns«, sagt Lena energisch. »Und wir kümmern uns bestimmt ganz doll um den süßen Osterhasen«, versprechen die beiden. Zögernd lässt Mutter sich umstimmen.
Und nun sitzt der kleine Karli in der Küche und mümmelt ganz vergnügt Wirsingkohlblätter und Möhren. »Wasser und Milch braucht er nicht extra«, liest Mutter aus ihrem Tierpflegebuch vor, »das Kaninchen nimmt genug Wasser aus dem Gemüse auf. Weißkohl ist schädlich, Karotten und Wirsing sind sehr gesund.«
Die Mutter hat eine große Kiste mit Sand und Heu fertig gemacht und setzt den kleinen Karli nach einer Weile hinein. Und wirklich, er legt ganz brav seine kleinen »Kaninchenbälle«.
»Aber allein herumhoppeln darf er nicht in der Wohnung«, sagt die Mutter. »Karli will ja immer alles anknabbern. Besonders gefährlich sind die Elektrokabel.«
Mutter ist sich nicht sicher, ob Florian und Lena nach einigen Wochen noch genauso sorgsam mit dem Tier umgehen werden. Aber Opa und Oma auf dem Land haben versprochen das Tier zu sich zu nehmen, wenn es in der Stadtwohnung nicht klappen sollte. »Dann könnt ihr Karli ja am Wochenende besuchen«, sagt die Mutter.

Tipp:
Kleine Kaninchen sind als Haustiere sehr beliebt. Aber die Haltung in der Wohnung ist nicht einfach. Das Kaninchen benötigt viel Auslauf und immer einen frischen Stall mit genügend Heu. Es riecht sehr unangenehm, wenn das »Kaninchenklo« nicht jeden Tag gründlich gesäubert wird.
Sehr viel unproblematischer ist die Tierhaltung, wenn man außerhalb des Hauses im Garten oder auf einer Wiese einen umzäunten Platz hat, wo das Kaninchen frei herumhoppeln kann. Natürlich benötigt es trotzdem noch einen Stall.
Kaninchen bevorzugen frisches Gras (im Winter Heu), Salat, Brennnesseln, Löwenzahn, Rüben usw.

Das Kaninchen kann sehr anhänglich werden. Es liebt es auf den Schoß genommen und gekrault zu werden.
Werden zwei Kaninchen gehalten, sollte man am besten zwei Weibchen aus demselben Wurf kaufen. Zwei Männchen werden sich als Rivalen bekämpfen.

Hasenlöffel-Kuchen

Ein Rezept von Hasenoma Mümmelfrau

Was man für 1 Kuchen braucht:

125 g Butter
125 g Puderzucker
3 Eigelb
1 TL Vanillezucker
125 g fein gemahlene Haselnüsse
40 Löffelbiskuits

Saft von 2 Orangen
$1\frac{1}{2}$ Becher Sahne
bunte Zuckerblumen

Klarsichtfolie

So wird's gemacht:

1. Für die Kuchenfüllung wird leicht erwärmte Butter mit Puderzucker, Eigelb, Vanillezucker und den Nüssen vermischt.

2. Die Löffelbiskuits vorsichtig mit Orangensaft beträufeln. Jeweils zehn Löffelbiskuits nebeneinander auf ein großes Holzbrett oder einen länglichen Kuchenteller legen.

3. Eine Schicht von der Füllung darüber streichen, mit 10 Löffelbiskuits abdecken und alles wieder vorsichtig mit Saft beträufeln.

4. Die nächste Schicht Füllung darüber streichen, wieder mit Löffelbiskuits abdecken usw.

5. Die vierte Schicht Löffelbiskuits ist die letzte. Den Kuchen mit Klarsichtfolie umwickeln und eine Nacht im Kühlschrank ruhen lassen.

6. Vor dem Servieren den Kuchen mit steif geschlagener Sahne bestreichen und mit Sahnetupfen und bunten Zuckerblumen verzieren.

Hase Hoppel hilft beim Aufräumen

Bastelarbeit

Das wird gebraucht:
Reste von weißer und brauner Wellpappe, Bast, Buntpapier, Bleistift, Klebstoff, Schere, Funkelaugen

So wird's gemacht:
1. Einen Streifen braune Wellpappe (Höhe ca. 17 cm) zu einer Röhre formen und zusammenkleben. Das ist der Hasenkörper.

2. Für den Kopf eine Eiform (10 x 12 cm) doppelt aus der Wellpappe ausschneiden. Aus dem gleichen Material Ohren, Nase, Arme und Füße anfertigen. Ebenso zwei kleine Hasenzähne und die »Blume« aus der weißen Pappe zurechtschneiden.

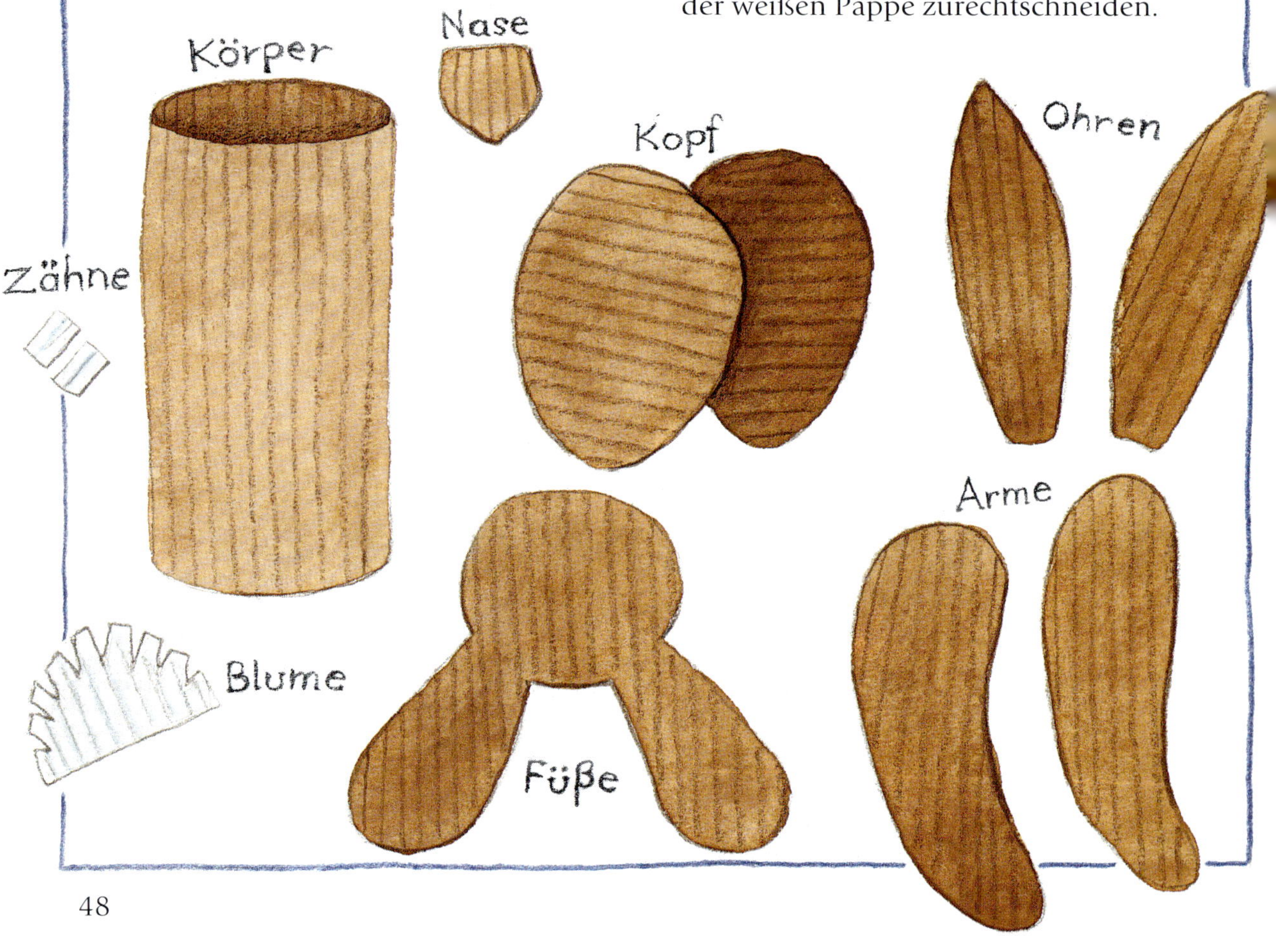

3. Nase, Bart aus Baststreifen, Zähne und Funkelaugen aufkleben. Zwischen die beiden Kopfteile Ohren und Baststreifen legen und zusammenkleben.

4. Hase Hoppel kann noch Hosen aus Buntpapier bekommen, z.B. eine Hose mit Hosenträgern, die hinten über Kreuz verlaufen.

5. Die Hose an der Röhre befestigen, Arme, Füße, Blume und den Kopf ankleben.

Idee: Margarete Schacherbauer

Kleines Spiel mit Ostereiern

Spiel für Osterhasen

Die Kinder setzen sich eng nebeneinander in den Kreis, sodass sie sich Ostereier hinter den Rücken weitergeben können.
Die Ostereier sollten bunt eingewickelte Knöpfe (oder etwas Ähnliches) sein. Die »echten« Eier werden nach dem Spiel verteilt. In der Mitte des Kreises sitzt ein Kind als Osterhase.
Während die Eier hinter den Rücken weitergereicht werden, kann auf die Melodie »Taler, Taler, du musst wandern« gesungen werden:

»Ostereier, ihr müsst wandern,
von der einen Hand zur andern.
Lasst die Eier gut versteckt,
damit der Has sie nicht entdeckt.

Osterhas, du sitzt im Grase
mit der zarten Schnuppernase.
Mach mal Männchen, hoch gereckt,
wo das bunte Ei wohl steckt.«

Sobald das Lied zu Ende ist, werden die Eier nicht mehr weitergereicht. Nun muss der Osterhase in der Kreismitte erraten, welcher Spieler die Ostereier hat. Tippt er richtig, wird der Eier-Besitzer der Osterhase und muss in die Mitte.

Schaut euch den Daumen an

Fingerspiel

Der Daumen ist rund und dick,
der hat zu Ostern immer Glück.
Er findet, 1-2-3,
jedes Ei.

Ein Ei mit rotem Band
liegt unterm Sofa an der Wand.
Zwei Eier
bekommt er von Oma Meier.

Ein Ei mit bunter Litze,
das steckt in Kaspers Zipfelmütze.
Und in der großen Vase
hockt ein brauner Osterhase.

Mm – die Ohren schmecken.

Der Daumen der rechten Hand ist der »Glücksdaumen«. Er tippt nacheinander die Finger der linken Hand an.

Eine grüne Osterwiese

Bastelarbeit

Das wird für die Wiese gebraucht:
1 Blumenuntersetzer oder 1 Porzellanschale (Ø ca. 20 cm), etwa 3 EL Grassamen, Gerstenkörner oder Kresse, Blumenerde

Das wird für die Figuren gebraucht:
Pergamentpapier, dünne Pappe, Tonpapier in verschiedenen Farben, Schaschlikspieße oder dünner Blumendraht, Filzstifte, Bleistift, Schere, Klebstoff, eventuell Buntpapier

So wird's gemacht:
1. Den Blumenuntersetzer oder die Schale mit Blumenerde füllen, Samen darauf streuen, leicht angießen und auf eine Fensterbank stellen. Die Wiese immer regelmäßig befeuchten. Grassamen oder Körner etwa drei Wochen, Kresse etwa eine Woche vor Ostern aussäen.

2. Osterfiguren auf Pappe zeichnen oder von den Seiten 24-27, mithilfe von Pergamentpapier, übertragen und ausschneiden. Diese Schablonen auf Tonpapier legen, jedes Motiv zweimal übertragen und ausschneiden.

3. Schaschlikspieße oder Drahtstücke zwischen zwei Hälften einer Figur legen und festkleben. Die Figuren mit Filzstiften oder Buntpapier verzieren.

4. Nun können die Figuren in die Osterwiese gesteckt werden.

Großes Überraschungsei

Bastelarbeit

Das wird gebraucht:
alte Zeitungen, Tapetenkleister, 1 Luftballon, Spachtelmasse, Deckfarben, Pinsel, Sägemesser, Klebstoff, Klarlack, Karton, Schere, Ostergras, Schleifenband, bunte Borten, Buntpapier

So wird's gemacht:

1. Rührt den Tapetenkleister nach den Angaben auf der Packung an und reißt Zeitungspapier in kleine Schnipsel.

2. Blast den Luftballon auf, verknotet ihn und setzt ihn in eine Schüssel. Bestreicht den Ballon mit Kleister und klebt die Papierschnipsel darauf. Das wiederholt ihr einige Male, bis der Ballon eine feste Papierhülle hat.

3. Nun lasst ihr das Ballon-Ei in der Nähe der Heizung etwa drei Tage trocknen.

4. Dann schneidet ihr das Ei mit dem Sägemesser in der Mitte längs auseinander. Lasst euch dabei von einem Erwachsenen helfen. Nicht erschrecken: Jetzt platzt der Luftballon.

5. Schneidet einen etwa 3 cm breiten Pappstreifen aus Karton zurecht. Er sollte so lang sein, wie eine Eihälfte an Innenumfang misst.
Mit Klebstoff befestigt ihr den Streifen an dem inneren Rand einer Eihälfte. Er sollte etwa 1-1,5 cm über den Rand hinausstehen.

6. Wer will, kann die Eihälften vorsichtig mit der Spachtelmasse bestreichen, damit die Oberfläche schön gleichmäßig wird. Die Masse muss gut trocknen. Man kann aber auch ohne Spachtelmasse weiterarbeiten.

7. Das Ei wird mit Deckfarben innen und außen bemalt. Nach dem Trocknen wird es mit Klarlack überzogen.

8. Nun könnt ihr euer Ei fantasievoll mit bunten Blumenborten (aus dem Bastelgeschäft) oder mit Blüten aus Buntpapier schmücken. Ihr gebt Ostergras in eine Eihälfte und füllt das Ei mit Ostereiern, Schoko-Osterhasen und selbst gebasteltem Osterschmuck (z.B. von den Seiten 22 und 32). Vielleicht legt ihr auch ein selbst geschriebenes Osterrätsel oder eine kleine Ostergeschichte hinein.

9. Am Schluss bindet ihr eine große bunte Schleife um das Überraschungsei.

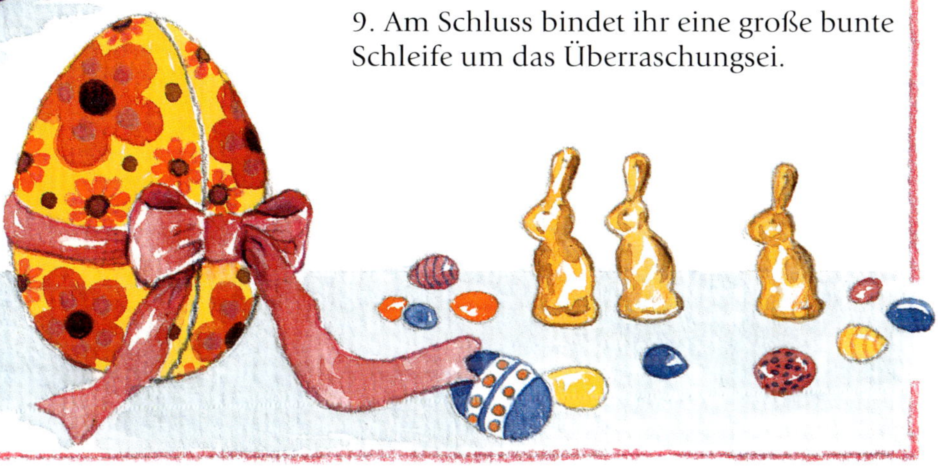

Puzzle-Spiel zur Frühlingszeit

Bastelarbeit

Das wird gebraucht:
weißer Tonkarton, Malstifte, Bleistift, Lineal, Schere oder ein Blanko-Puzzle

So wird's gemacht:

1. Eine bunte Frühlingswiese mit Frühlingsblumen, Vögeln und Osterhasen wird auf den Tonkarton gemalt.

2. Mithilfe des Lineals zieht man Bleistiftlinien und schneidet das Bild zu Puzzleteilen auseinander.

3. Sind die Ostereier zu Ostern alle gefunden, können die Puzzleteile im Haus (oder, wenn es trocken ist, im Garten) versteckt werden. Nun geht jeder auf die Suche. Wer die meisten Teile gefunden hat, bekommt ein Extra-Osterei.

Das Puzzle lässt sich auch toll in dem großen Überraschungsei (Seite 54) verschenken.

Lustige Osterhasenkette

Bastelarbeit

Das wird gebraucht:
weißes Papier, Buntstifte, Bleistift, Schere, Klebstoff

So wird's gemacht:
1. Einen Streifen Papier (ca. 26 x 6 cm) ausschneiden und wie eine Ziehharmonika falten.

2. Auf das oberste Blatt eine Hasenform zeichnen und ausschneiden. Die Hasenpfoten müssen an den Falzen zusammenhängen.

3. Den Streifen auseinander klappen und jeden Hasen anmalen.

4. Die Kette kann als Osterdekoration zu einem Kreis zusammengeklebt und auf den Tisch gestellt oder als Girlande aufgehängt werden.

Idee: Holle Schauder

Gebackene Osterfiguren

Lieblingsrezept der kleinen Osterhasen

Was man für 60-80 Stück braucht:

500 g Mehl
3-4 ganze Eier
250 g Butter
100 g Zucker
abgeriebene Schale einer ungespritzten Zitrone
1/2 TL Vanillepulver

Zum Verzieren:

250 g Puderzucker
1 Eiweiß
mehrere Lebensmittelfarben
Liebesperlen
bunte Zuckerblumen

Pappe für Schablonen
Nudelholz
Backpapier
Spritzbeutel

So wird's gemacht:

1. Das Mehl mit den übrigen Zutaten gut vermischen und den Teig eine Stunde in den Kühlschrank stellen.

2. Schablonen von Häschen, Schmetterlingen, Küken, Ostereiern (siehe nächste Doppelseite) aus Pappe anfertigen.

3. Den Backofen auf 175° vorheizen.

4. Den Teig etwa 1/2 cm dick ausrollen und die Figuren mithilfe der Schablonen ausschneiden. Mit einer Spagetti-Nudel kann in jede Figur ein Loch zum Aufhängen gedrückt werden.

5. Figuren auf ein mit Backpapier ausgeschlagenes Blech legen und auf mittlerer Schiene 15-20 Minuten bei 175° (Umluft 150°) backen. Die Figuren auf einem Kuchengitter auskühlen lassen.

6. Den Puderzucker mit steif geschlagenem Eiweiß verrühren, in mehrere Portionen teilen und mit den unterschiedlichen Lebensmittelfarben mischen. Mit einem Spritzbeutel Muster auf die Figuren spritzen oder mit der Zuckermasse Liebesperlen und Zuckerblumen aufkleben.

7. Wer die Figuren nicht essen möchte, kann sie auch an einen geflochtenen Osterkranz (aus Weidenruten mit Buchs) hängen.

Bunt geschmückte Ostergirlande

Bastelarbeit

Das wird gebraucht:
Zweige (z.B. Ginster, Weide, Birke, als Schmuckelement Buchs), dünner Wickeldraht, gelbes, weißes, orangefarbenes Geschenkband, Vogelfedern, kleine österliche Holzfiguren, selbst gestaltete Schmuckeier aus Tonpapier (z.B. von Seite 32), selbst gebackene österliche Figuren (z.B. von Seite 58), kleine Frühlingsfiguren aus Filz (z.B. von Seite 22)

So wird's gemacht:
1. Aus den Zweigen eine Girlande oder einen Kranz mit Wickeldraht binden.

2. Das Gebinde mit Vogelfedern und Schleifen schmücken und die österlichen Figuren dranhängen.

Lustiges Osterhasenspiel

Ein Spiel für zwei oder mehrere Spieler

Benötigt wird ein Würfel. Zudem bekommt jeder Spieler eine Spielfigur (z.B. Halmastein oder ein selbst geformtes Häschen aus Ton oder einem anderen knetbaren Material) und zehn eingewickelte Schokoladeneier.
Reihum wird gewürfelt. Jeder lässt seinen Spielfigur-Hasen je nach Würfelglück vorwärts rücken.

Die Häschen sind auf dem Weg von der Osterhasenwerkstatt zum Hühnerstall. Bei den roten Feldern passiert immer etwas Unangenehmes. Bei den bunten Feldern verstecken die Häschen ihre Eier, d.h., sie legen sie in einen Korb.
Am Schluss des Spiels werden diese Eier gleichmäßig an alle Kinder verteilt. Sieger ist, wer zuerst alle Eier abgelegt hat und als Erster mit der genauen Würfelzahl ins Ziel gekommen ist.
Wer am Ziel noch Eier bei sich trägt, muss 15 Felder zurückgehen und sein Glück noch einmal versuchen.

1. rotes Feld: Das Häschen erschrickt sich vor einer Vogelscheuche, 3 x mit Würfeln aussetzen.
1. buntes Feld: Hinter einer Hecke drei Eier verstecken.
2. rotes Feld: Vorsicht, Fuchs! 3 x mit Würfeln aussetzen.
2. buntes Feld: Unter einem Rhabarberblatt zwei Eier verstecken.
3. rotes Feld: Kinder laufen vorbei. Vier Felder zuruck.
3. buntes Feld: Drei Eier in einer Schubkarre verstecken.
4. rotes Feld: Häschen stolpert. Fünf Felder zurück.
4. buntes Feld: Unter einem Weidenbusch die restlichen Eier verstecken.

START

ZIEL

Mümmelmann

Reimspiel

Sitzt im Gras
Mümmelmann, der Has.

Mümmelmann, der muss sich plagen,
so viele Eier muss er ... tragen.
Oh, die Körbe sind so schwer,
jedes Jahr noch immer ... mehr.

Und nun soll er malen, malen,
dass die Farben alle ... strahlen.
Grüne, gelbe und die roten,
ach, ihm tun schon weh die ... Pfoten.

Max und Poldi, diese Bengel,
das sind keine Hasen... engel.
Fritz und Hopsi, was ist los?
Heut wird nicht gespielt im ... Moos.

Her mit euch, guckt nicht so dumm,
hängt die Eierkörbe ... um.
Los, ihr sollt nun ganz schnell starten,
viele Kinder auf euch ... warten.

Und ja keine Eier naschen,
steckt die Briefe in die ... Taschen.
Hier hab ich es aufgeschrieben
für die Kinder: »Meine ... Lieben,
Schluss ist's mit dem Osterstress.
Und ich funke S... OS!

Nächstes Jahr zum Osterfest
füllt ihr selber euer ... Nest.
Ihr könnt selber Eier malen,
damit im grünen Gras sie ... strahlen.

Auf der Osterinsel im Ozean
schau ich mir lieber die Wolken ... an.
Drei Pfotentupfer noch zum Schluss
und einen kitzeligen Hasen... gruß.

Euer Osterhase Mümmelmann!«

Osterlamm

Rezept, auch für Osterhasen

Was man für 1 Osterlamm braucht:

9 EL Pflanzenöl
9 gehäufte EL Mehl
4 Eier
9 gestrichene EL Zucker

1/2 Päckchen Backpulver
2 EL Puderzucker

etwas Butter zum Einfetten

So wird's gemacht:

1. Den Backofen auf 170° vorheizen.

2. Die Eier mit dem Zucker gut verrühren. Esslöffelweise das Öl dazugeben. Das Backpulver mit dem Mehl mischen und unter die Eimasse mengen.

3. Die Kuchenform für ein Osterlamm (oder für einen Osterhasen) gut ausfetten. Den Teig hineingeben und im vorgeheizten Backofen auf mittlerer Schiene (Umluft 160°) bei 170° ca. 25 Minuten backen.

4. Das noch warme Lamm mit Puderzucker bestäuben.

Rezept aus einer niederbayerischen Klosterküche

Ein brauner Erdenkloß?

Rätsel

Lang, so lang sind seine Ohren,
ist heut Morgen erst geboren.
Warm und weich ist schon sein Fell,
hoppeln kann es auch ganz schnell.

Doch es kann sich auch tief ducken,
sich nicht rühren und nicht mucken.
Starr und stumm,
schaut sich nicht um.

»Ist ja bloß
ein Erdenkloß«,
denkt der Fuchs,
»ein brauner Stein.«

Was mag das für ein Tier wohl sein?

(Hasenjunges)

Lied von den bunten Ostereiern

Die Reime können auf die Melodie »Zehn kleine Negerlein« gesungen werden.

Zehn bunte Ostereier
in der Osternacht.
Die hat beim hellen Mondenschein
der Osterhas gebracht.

Da fliegt die Elster her,
die keckert: »Das schmeckt fein!«
Schon hat sie schnell ein Ei stibitzt,
da waren's nur noch neun.

Schaut euch den Igel an,
der trippelt her bei Nacht.
Das rote Ei, das schleckt er aus,
da waren's nur noch acht.

Da schleicht der Fuchs vorbei,
der mag keine Rüben.
Das Zucker-Ei hat ihm geschmeckt,
da waren's nur noch sieben.

Auf ihrem Besen fliegt
herbei die alte Hex.
Die steckt ein lila Ei sich ein,
da waren's nur noch sechs.

Stolziert der Storch herbei,
ganz ohne Schuh und Strümpf.
»Ein Ei für meine Kinderschar!«
Da waren's nur noch fünf.

»Los«, brummt der Maulwurf laut,
»ein Ei, das hol ich mir.
Ich trag es tief ins Maulwurfnest.«
Da waren's nur noch vier.

»Kuckuck«, so schnarrt es laut,
»Kuckuck, was will ich mehr!
Ich schnappe mir die Letzten weg.«
Nun ist das Nest ganz leer.

Da sprach der Osterhas:
»Was ist da nur geschehn?«
Er holt schnell neue Eier her,
nun waren's wieder zehn!

Spielidee:
Auf alle 10 Finger können bunte Farbkleckse gemalt werden. Nacheinander werden dann dem Text entsprechend die Finger in die Handfläche geklappt. Dann lässt ein anderes Kind mit einer Hand den Hasen herbeihoppeln, der die einzelnen Finger berührt. Am Schluss sind dann alle »Ostereier-Finger« wieder aufgeklappt.

Ich muss jeden Tag einen kleinen Vers, ein Lied oder eine kleine Geschichte aufschreiben«, sagt Barbara Cratzius, »sonst kommt mir der Tag fast verloren vor.« Sie hat ständig ein kleines Heft bei sich, um auch bei Reisen mit der Eisenbahn oder als Beifahrerin auf langen Autofahrten ja keinen Einfall zu verpassen.
Aus diesem schier unerschöpflichen Ideenreichtum heraus hat Barbara Cratzius schon so viele Bilderbücher, Liederbücher, Bastel- und Beschäftigungsbücher für Kinder, Eltern und Erzieher geschrieben, dass sie gleich mehrere Hände bräuchte um sie alle aufzuzählen. Besonders am Herzen liegen ihr die Kleinen, die 1-10-Jährigen, für die sie am liebsten schreibt.
Barbara Cratzius war 20 Jahre lang als Lehrerin tätig, davon sechs Jahre an einer deutschen Auslandsschule und am Deutschen Kulturinstitut in Spanien. Mit vielen ehemaligen Schulkindern hat sie bis heute Kontakt. Sie liefern ihr Bastelideen und sind gute Kritiker ihrer vielen kreativen Einfälle.
Am liebsten schreibt Barbara Cratzius in einer gemütlichen Dünenmulde am Ostseestrand - manchmal sogar dick eingepackt im Winter. Hier findet sie die Inspiration für ihre Kinderbücher, die den kleinen Lesern auf spielerische und fantasievolle Weise den Blick für ihre eigene Umwelt, für ihre Mitmenschen und für die Natur öffnen wollen.

Tolle Beschäftigungsbücher von Barbara Cratzius

ISBN 3-7607-5481-3
Fingerspiele und vieles mehr für Kinder ab 3 mit Filzfingerpuppe

ISBN 3-7607-5503-8
Weihnachtsbackbuch für Kinder ab 4 mit Topflappen

arsEdition